AF303934

F. Christoph Schiermeyer

99 Aphorismen

IMPRESSUM

© F. Christoph Schiermeyer, Februar 2025

99 ausgewählte Aphorismen
aus den vergriffenen Veröffentlichungen
"Aphorismen" (Selignow, 2000),
"Bitte wenden!" (Nachttischbuch, 2008)
und/ oder "Verwünschtes Schweigen"
(Sämtliche Aphorismen, BoD,
erste Fassung 2018, letzte 2022)

Verlag: BoD · Books on Demand GmbH,
In de Tarpen 42, 22848 Norderstedt,
bod@bod.de
Druck: Libri Plureos GmbH, Friedensallee 273,
22763 Hamburg
ISBN: 978-3-7693-6818-5

F. Christoph Schiermeyer

99 Aphorismen

Gedanken lesen?
Nur eine Frage geeigneter Lektüre.

Geheimnisse muss man lüften.
Bevor sie anfangen zu riechen.

Ein aufrechter Autor wünscht sich
keine geneigten Leser.

Es genügt, das Wort dann zu
ergreifen, wenn man sprachlos ist.

Keine Angst vor Wortwechseln!
Bei manchen macht man
gar keinen schlechten Tausch.

Wer über jeden schlecht redet,
spricht von dir gewiss nicht gut.

Auch Selbstgespräche
sollten höflich geführt werden.

Das Bild, das man sich von einem
anderen macht, ist selten falsch.
Aber oft nicht gelungen.

Der erste Eindruck
täuscht selten. Den zweiten.

Wer ein Haar spaltet,
hat zwei zum Kämmen.

Ein Aphorismus ist das,
was ein Gedanke von einem
anderen Gedanken übrig lässt.

Man sollte nur Leute zur Rede stellen,
die auch eine halten können.

Offene Rechnungen
haben keine Unbekannten.

Es ist müßig, mit jemandem
Gedanken auszutauschen,
dem Abstraktes fremd ist.

Fragen, die sich stellen,
muss man nur noch festnehmen.

Graue Zellen verpflichten nicht
zu trüben Gedanken.

Es gibt schon noch Bretter
vor den Köpfen. Aber
keine mehr aus Tropenholz.

Karriereleiter. Die unten festhalten,
geraten schnell aus dem Blick.

Rechne auch mit denen,
auf die du nicht zählen kannst!

Niemand ist so lästig präsent
wie der, der nur auf sein
Fortkommen bedacht ist.

Wer sich für die unten einsetzt,
ist schnell oben durch.

Die schweigende Mehrheit
macht den größten Lärm.

Der Individualismus
kennt kein größeres Vergnügen
als eine Massenveranstaltung.

Seit ich mich selbst verwirklicht
habe, bin ich völlig fertig.

Die es gut mit uns meinen -
ob sie auch gut von uns denken?

Niemand hat weniger
zu lachen als der, der den
anderen komisch vorkommt.

Mancher lacht über sich selbst
ohne jeden Grund.

Kleine Kinder nimmt man
an die Hand. Große beim Wort.

Jeder ist seines Glückes Schmied.
Leider haben nicht alle
Schmied gelernt.

In der Schule. Mancher bekommt
nur Wunden beigebracht.

Das Rabenkind liebt niemanden
mehr als seine Rabenmutter.

Was macht man mit Vorurteilen,
die sich einem bestätigen,
ohne dass man sie gehabt hätte?

Die nächste Generation muss austrinken,
worin wir gebadet haben.

Fundamentalismus.
Die Kellerdecke als Himmelszelt.

Er hat etwas auf seine Fahne
geschrieben. Was man am besten
wird lesen können, wenn er sie
wieder vom Mast holt.

Die vorgeben, bei den Menschen
zu sein, sind nicht immer bei der Sache.

Am sichersten fühle ich mich davor,
wovor ich mich nicht schützen kann.

Gibt es etwas, das trauriger
anzusehen wäre als ein Akrobat,
der versucht, sein Leben vom Kopf
auf die Füße zu stellen?

Mancher muss sich erst fangen,
bevor er frei atmet.

Auch wer öffentlich beichtet,
bricht das Beichtgeheimnis.

So selbstlos kann niemand sein,
dass ihm der Böswillige nicht
ein übles Motiv unterstellte.

Den Schatten, der auf einem liegt,
wirft man nicht selber.

Federn, die nicht beflügeln,
sind ein zweifelhafter Schmuck.

Wer seine Phantasie spielen lässt,
darf sich nicht wundern, wenn sie
schmutzig nach Hause kommt.

Den Streit zwischen Ei und Henne
sollte man den Küken überlassen.

Wer zu leben versteht, versteht
nicht unbedingt etwas vom Leben.

Am heftigsten bejammert
wird das, dessen man sich nicht
zur rechten Zeit erfreut hat.

Er begreift sein Leben als ein Geschenk.
Hat es aber noch nicht ausgepackt.

Die sich alles versagen,
versprechen sich von allem zu viel.

Er beobachtet sich selbst
auf Schritt und Tritt. Kein Wunder,
dass er sich ständig verfolgt fühlt.

Die Gedanken sind frei. Aber man
kann sie jederzeit wieder einsperren.

Bei uns wird niemand verfolgt.
Nicht einmal ein Gedanke.

Wie praktisch: Der Punkt, auf den wir
eine Sache bringen, deckt sich immer
mit unserem Standpunkt.

Wer die natürliche Intelligenz vertreibt,
erhält die trainierten Schlaumeier.

Ein Taugenichts an der Spitze
beflügelt alle Tunichtgute.

Was nützt es, jemanden zur Vernunft
zu bringen, wenn er anschließend
nicht bei ihr bleiben will?

Nicht jeder elder statesman
war zuvor ein edler Staatsmann.

Iustitia ist blind.
Und sie hört auch schlecht.

In der Klinik. Er kam sich vor
wie ein Untersuchungshäftling,
dem der Heilungsprozess gemacht
werden sollte.

Letzte Instanzen kämpfen
mit den meisten Vorurteilen.

Der Bedarf an Bedürftigen
scheint stetig zu wachsen.

Es mag Menschen geben,
die ihr Leben als Dasein empfinden.
Mir erscheint meines von klein auf
eher als Dortsein.

Wer seinen eigenen Weg gehen will,
muss lange hin- und herlaufen.

"Die Sterne lügen nicht",
sagen die Karten.

Versuchungen sind Prüfungen,
von denen man hinterher nicht erfährt,
ob man sie bestanden hat.

Schauen zwei in denselben Himmel,
betrachten sie kaum denselben Stern.

Die Erde ist unsere
einzige Kugel im Lauf der Zeit.

Was ließe sich über den Menschen
Gutes sagen, das einem nicht sofort
zum eigenen Nachteil gereichte?

Das Totenhemd der Menschheit
wird aus Rohstoffen geschneidert.

Woher wissen die Dinge, die ich verlegt
habe, wo sie sich verstecken können?

Manchmal begegnen uns Tränen,
von denen wir glaubten, wir hätten
sie längst aus den Augen verloren.

Jedes Gedankengebäude hat
seinen Makler. Und seine Nebenkosten.

Am sichersten wissen wir das,
was wir gar nicht wissen wollen.

Aphoristiker fassen sich kurz,
weil sie wissen, wie umständlich
sie erzählen würden.

Den Denker küsst die Muse auf
die Stirn. Den Dichter auf den Mund.

Ruf nicht zum Zeugen an,
auf wen du als Richter hoffst!

Die Freude an den kleinen
Dingen wächst mit der
Furchtlosigkeit vor den großen.

Im Frühling begeistern die ersten
Blumen. Im Herbst die letzten.

Auch Vögel
hinterlassen Fußspuren.

Das Problem des Reisens
scheint zu sein, dass man nicht
dahin kommt, wo man ist.

Zur Umkehr fehlt manchem
nur die Einsicht. In seine Akte.

Zuverlässig zur Quelle
führen einen nur die Wasserträger.

Souverän erscheint einzig
der Kompass. Er zeigt auch
die Richtungen, in die er nicht weist.

Wasserstraßen erkennt man
an den Ölspuren.

Ein Hafen ist der
sicherste Ort zum Stranden.

Manchmal sind wir
auf dem falschen Dampfer.
Und doch auf dem richtigen Fluss.

Brandung. Wie heftig das Meer sich
gegen das Festland wehrt!

Von ferne klingen
die Glocken am schönsten.

Gedanken, die einem tagsüber
ausgehen, kehren abends
mit etwas Farbe zurück.

Alles kommt ans Licht.
Und kehrt zurück ins Dunkel.

Beim Aphoristiker:
"Darf´s etwas weniger sein?"

Zieh nicht die Summe
aus einem Leben, ohne
die Gegenprobe zu machen.

Ob es einen Gott gibt,
ist seine Sache.

Aphorismen leuchten
jedem sofort heim.

Sollte ich dereinst auferstehen
müssen, dann bestimmt
mit dem linken Fuß zuerst.

Am siebten Tag ruhte Gott.
Bis zum ersten Läuten.

Gott schweigt.
Das ist das Unglaubliche.

Alles Endlose erschreckt.
Nur immer glücklich glaubt
jeder sein zu können.

Sein kann man nicht haben.

F. CHRISTOPH SCHIERMEYER

Geboren 1952 in Höxter
als zweites von neun Geschwistern

Gymnasialzeit in einem Internat
der Augustiner in Münnerstadt

Danach drei Jahre lang Mitglied
des Dominikaner-Ordens

Von 1977 bis 1992 Filmvorführer
in verschiedenen Bonner Kinos

Anschließend vornehmlich Hausmann
in einer fünfköpfigen Familie

Lebt in Windhagen/ Westerwald

(fcschiermeyer@outlook.de)